MIETTES

SCOLAIRES & ADMINISTRATIVES

PAR

GEORGE VALLÉE

CONSEILLER DE PRÉFECTURE DE MEURTHE-ET-MOSELLE

Officier de l'Instruction publique

NANCY

IMPRIMERIE NANCÉIENNE, 15, RUE DE LA PÉPINIÈRE

1891

MIETTES SCOLAIRES & ADMINISTRATIVES

MIETTES

SCOLAIRES & ADMINISTRATIVES

PAR

George VALLÉE

CONSEILLER DE PRÉFECTURE DE MEURTHE-ET-MOSELLE

Officier de l'Instruction publique

NANCY

IMPRIMERIE NANCÉIENNE, 15, RUE DE LA PÉPINIÈRE

1891

AVANT-PROPOS

Les personnes qui voudront bien ouvrir cette brochure s'étonneront certainement d'y trouver une préface à un si petit livre, et à des sujets si menus ; j'ai cru cependant qu'il m'était permis d'indiquer par quels liens, par quelle inspiration unique, ces pages, en apparence dissemblables et diverses, avaient pu être réunies.

J'ai toujours eu la ferme croyance que, favoriser et développer le goût de l'étude, concourir à la diffusion de l'instruction sous ses formes variées, témoigner en toute circonstance, aux enfants et aux jeunes gens de nos écoles et de nos collèges, de l'intérêt et de la sympathie, constituait, pour tout homme d'un esprit libéral et éclairé, des obligations aussi étroites et aussi naturelles que celles qui découlent de nos devoirs de citoyens et de soldats.

Je me suis donc constamment efforcé, dans le modeste champ ouvert à mon activité, d'apporter ma contribution à la cause de l'Enseignement, et j'obéis encore à cette préoccupation, en rassemblant les quelques morceaux qui vont suivre, et qui comprennent : un Rapport, le récit d'une Excursion administrative et deux Discours.

Je n'ai pas la prétention que ces pages, presque toutes consacrées à l'encouragement de la Jeunesse, puissent avoir assez d'importance, ni de mérite, pour justifier leur publication, et l'on me pardonnera difficilement, sans doute, d'avoir recherché pour elles le cadre, même restreint, d'une brochure.

Cependant, quelques personnes indulgentes ont pensé que je pouvais, sans inconvénient, les reproduire, et je me suis rendu volontiers à un avis si plein de bienveillance; car nous croyons facilement ce qui flatte nos secrets désirs.

Les idées, exprimées ci-après, me sont en effet chères depuis bien longtemps ; elles répondent à un ensemble de vues que je crois exactes, et de nature à exercer une influence favorable sur notre éducation française.

Il me semble aussi y retrouver un reflet de la pensée supérieure qui a guidé le Gouvernement républicain dans la direction nouvelle imprimée à notre enseignement public.

C'est, si l'on veut, le fonctionnaire qui parle, mais avec la conviction profonde que l'œuvre à laquelle il collabore, pour une si petite part que ce soit, est utile, qu'elle sera féconde et qu'elle se confond avec l'œuvre même du Progrès humain.

G. V.

Nancy, ce 21 septembre 1891.

RAPPORT

SUR

LES EXAMENS DU CERTIFICAT D'ÉTUDES PRIMAIRES

DANS LE

CANTON DU PARCQ (PAS-DE-CALAIS)

LU A LA

Séance de la Délégation cantonale du 10 juin 1879.

En 1878, M. Camescasse, préfet du Pas-de-Calais, secondé, avec un zèle et une intelligence remarquables, par M. Beurier, inspecteur d'académie, avait procédé à une véritable réorganisation de l'Enseignement primaire dans ce département ; les Délégations cantonales notamment, qui avaient, dans la plupart des cantons, cessé de fonctionner depuis longtemps, furent complétées, mises en activité et associées partout à ce grand mouvement scolaire.

M. Vallée, président de la délégation du Parcq (¹), et membre de la Commission d'examen pour le certificat d'études primaires (²), pensa qu'il importait de faire connaître et apprécier davantage aux familles cette nouvelle et utile fondation, et de rehausser le plus possible la valeur de ce modeste diplôme. Il adressa donc, dans un but de publicité, le rapport qu'on trouvera d'autre part, à ses collègues de la délégation, puis aux Maires, aux instituteurs et aux institutrices du canton.

(¹) La Délégation cantonale du Parcq, réorganisée en 1878, était composée de MM. Vallée, *président*; Hocz, *secrétaire*; Cappe, Carpentier, Dérémetz, Latham, Leroy, Oudin, Planque, curé-doyen, Poissant, Tirmarche, Wattilliaux, Wattine, *membres*.

(²) La Commission d'examen pour le certificat d'études primaires, qui se réunit au Parcq, le 5 mai 1879, était composée de MM. Fry, inspecteur primaire, *président* ; Vallée, Planque, et des instituteurs de Grigny et Fillièvres.

RAPPORT

Messieurs,

Depuis notre dernière séance, un fait scolaire important s'est produit dans notre canton : je veux parler des examens pour le certificat d'études primaires, qui ont eu lieu au Parcq, le 5 mai. J'avais l'honneur de vous représenter dans la Commission d'examen, et je vous dois le résumé de mes observations. Je commencerai d'abord par remercier, au nom de la Commission, ceux d'entre vous qui ont bien voulu répondre à l'invitation qui vous a été adressée par M. le Secrétaire, et qui ont ainsi encouragé, par leur présence, les efforts futurs des maîtres et des élèves.

Sur 25 candidats qui s'étaient fait inscrire, 23 ont répondu à l'appel de leurs noms, 5 ont été éliminés à la suite des compositions écrites, 18 ont été enfin jugés dignes du diplôme. Ainsi que la lecture du *Bulletin de l'enseignement primaire* vous l'a appris, le programme des examens a été modifié cette année. Il se compose d'une dictée, d'une composition de style et d'une épreuve d'arithmétique ; la dictée servant en même temps de composition d'écriture.

La Commission a apprécié particulièrement l'orthographe des élèves : deux seulement ont dépassé le nombre de fautes au delà desquelles l'ajournement est de droit ; la grande majorité a fait de bonnes dictées, où, à part des fautes de ponctuation, d'accents ou même d'inattention, l'orthographe était très bien comprise, dans un devoir qui renfermait quelques difficultés. L'écriture également a été très suffisante.

Nous n'avons pas, d'ailleurs, à former des calligraphes, ni des professeurs d'écriture, ni des grammairiens; nous ne demandons aux élèves de nos écoles que de savoir écrire lisiblement, et sans ces fautes grossières qui démontrent l'ignorance, non seulement du génie de la langue française, mais encore de la formation la plus simple des mots usuels. — Passons à l'arithmétique ; les problèmes donnés n'étaient pas, il est vrai, très compliqués. Ils ont été, en général, assez bien raisonnés, quoique parfois avec trop de diffusion et sans assez d'ordre dans les idées. Mais, si quelques-uns des candidats sont arrivés à des solutions erronées, ils ont presque tous prouvé une certaine intelligence du calcul et de ses procédés ordinaires d'analyse et de recherches.

Ici nous arrivons à la partie la plus faible de l'examen, celle qui a été, il faut le dire, la plus négligée pendant longtemps dans nos écoles, la composition de style. Le sujet était pourtant d'une excessive simplicité : *le charbon de terre et ses usages.* On ne comprendrait pas en effet que des écoliers, qui seront plus tard des hommes, puissent ignorer ce qu'est ce combustible, le plus utile de tous, à qui nous devons les plus magnifiques applications de la science moderne, les machines à vapeur, le gaz, etc... Cependant, quelques-uns de nos candidats n'ont trouvé que bien peu de détails à don-

ner sur une matière aussi intéressante, et peu d'entre
eux ont bien compris l'importance capitale du charbon, en nous indiquant clairement tout ce à quoi il
pouvait servir. L'enfant se rappelle trop textuellement
ce qu'il a lu et ne fait qu'une narration sans intérêt ni
imagination ; ou bien, il ne sait pas aligner ses idées,
parce que, dès son jeune âge, on ne lui apprend pas à
penser et à exprimer ensuite le résultat de ce travail
intellectuel, par des locutions, d'abord très simples,
puis graduellement plus élevées. Il y a eu, cependant,
quelques bons devoirs auxquels la Commission a rendu
justice avec plaisir.

Du reste, la moyenne générale des compositions
écrites a été assez bonne, et trois élèves seulement ont
été éliminés pour l'ensemble de leurs devoirs.

Je craindrais, Messieurs, de fatiguer votre attention
en vous parlant longuement des épreuves orales, aux-
quelles, du reste, quelques-uns d'entre vous ont assisté.
Ils ont pu apprécier comme moi l'intelligence des candidats, et une préparation sérieuse de la part de leurs
maîtres.

M. le Doyen, notre collègue, n'était plus parmi
nous au moment des interrogations d'instruction religieuse; mais son honorable suppléant a pu constater
chez presque tous les candidats une connaissance sérieuse du catéchisme et de l'histoire religieuse ; nous
reconnaissons avec plaisir ce résultat, et nous serons
toujours très heureux de trouver, chez nos enfants, les
saines notions du devoir et de la morale, inséparables
de toute instruction sérieuse.

M. l'Inspecteur primaire a paru satisfait des explications grammaticales, des analyses et exercices divers sur la langue française, qui nous ont permis d'apprécier, peut-être mieux encore que dans la dictée, cette connaissance des choses et des mots qui vient de la réflexion et de la comparaison.

Les interrogations d'arithmétique, faites avec simplicité et clarté par les instituteurs de Grigny et de Fillièvres, nous ont confirmé ce que je vous exposais tout à l'heure à propos de l'épreuve écrite de calcul. Sur ce point encore, il y a lieu d'adresser des félicitations : aux maîtres, pour leur méthode et leur enseignement; aux élèves, pour leur application et leur travail.

Chargé d'interroger sur l'histoire et la géographie, j'ai dû, Messieurs, me restreindre beaucoup, surtout sur la partie topographique et descriptive. La science de la géographie, en effet, est, pour ainsi dire, en enfance dans notre pays, où il a fallu les terribles enseignements de 1870 pour nous forcer à l'inscrire enfin en tête de notre programme.

Nous n'avons pas, comme délégués cantonaux, la mission d'apprécier les méthodes et de juger l'enseignement; mais, en qualité de membre de la Commission d'examen, j'ai pu constater dans l'étude de l'histoire une regrettable lacune, et, quelques jours plus tard, dans un canton voisin (celui d'Hesdin), M. l'Inspecteur d'Académie l'a constatée comme moi; à partir de 1789, les enfants de nos écoles, en général, ne savent plus rien, ou du moins bien peu de chose. Cette lacune est déplorable, et je n'ai pas besoin d'insister devant vous sur ce point. Certes, toute l'histoire moderne est utile, et souvent grande et fertile en enseignements de tous genres ; mais, Messieurs, je crois que, pas même nos plus jeunes écoliers, nul ne doit ignorer les grandes dates de l'histoire contemporaine, et les événements qui ont fait la libre France d'aujourd'hui.

Comme observation générale, j'ajouterai que l'histoire et la géographie sont trop récitées, pas assez racontées, ce qui aiderait beaucoup ensuite pour la rédaction.

Il y a lieu aussi d'espérer, dans un avenir prochain, que l'enseignement agricole pourra être inscrit également au programme des Examens du certificat d'études primaires ; une loi réglant la fondation d'une chaire d'agriculture dans nos écoles normales départementales est en ce moment votée par les Chambres : l'instruction se répandra ensuite plus facilement. J'ajouterai que, dans l'arrondissement de Saint-Pol, la Société d'agriculture prépare aussi, en ce moment, de concert avec M. l'Inspecteur primaire, un projet d'enseignement agricole sommaire.

Pour me résumer, ces examens ont été utiles, et nous ont permis de constater chez tous une grande bonne volonté, de l'intelligence pratique, et surtout d'espérer beaucoup plus pour l'avenir. Nous n'avons pas, en effet, un nombre de candidats en rapport avec celui de nos écoles et de nos élèves, et il faut que chacun de nous insiste le plus possible près des parents et aussi près des maîtres, pour encourager les uns, stimuler le zèle des autres, vaincre les timidités et les résistances

et donner une plus haute idée de notre instruction po-
pulaire. Il faut le plus possible relever ces examens
qui constituent le véritable baccalauréat de nos écoles,
et c'est dans ce but, Messieurs, que je tenais à vous com-
muniquer ces simples observations qui auront suffi, je
l'espère, pour vous faire apprécier toute l'importance de
cette utile et patriotique création, ne remontant, dans
le Pas-de-Calais, qu'à très peu d'années.

J'ajouterai que j'ai cru devoir, pour raviver l'émula-
tion de nos enfants, décerner, en votre nom, Messieurs,
aux plus méritants des élèves reçus, des livrets de
caisse d'épargne, qui constitueront pour eux et pour
leurs familles, un excellent encouragement.

Je ne terminerai pas sans appeler votre attention
sur le résultat si remarquable obtenu par M. Warembourg, instituteur à Blangy (¹), qui, ayant présenté 12
élèves, les a fait tous recevoir, dont deux au premier
rang. En vue d'une proposition ultérieure de cet intel-
ligent maître pour une récompense ; en vue également
d'appuyer s'il y a lieu, lorsque la proposition en sera
faite, l'établissement, à Blangy, d'une école supérieure
primaire cantonale, dont la création s'imposera, à mon
sens, dans nos campagnes, je vous propose la nomina-
tion d'une Commission qui serait chargée de visiter

(¹) M. Warembourg, instituteur à Blangy-sur-Ternoise, avait
créé dans cette commune un établissement d'instruction très remarquable, et qui pouvait servir de type d'École supérieure primaire.

Les élèves y recevaient une très forte préparation aux Écoles normales
primaires, aux Écoles d'Arts et Métiers, aux Écoles professionnelles, et
de nombreux succès ont marqué l'existence de l'École de Blangy.

l'école de Blangy, et qui se rendrait compte de l'installation et de la tenue générale de cette institution. Nous pourrions ensuite, en toute connaissance de cause, nous intéresser plus efficacement à l'avenir de l'excellente création de M. Warembourg.

Il y aurait lieu, d'abord et avant tout, de réclamer pour Blangy l'exécution de la récente circulaire ministérielle, offrant des fusils, modèle 1874, aux lycées, pensionnats et autres institutions. S'il y a, en effet, une mesure utile, c'est celle qui consiste à préparer les jeunes gens à la discipline militaire, dès les bancs de l'école, et, vous le savez, Messieurs, ce serait le plus grand service que l'on pût rendre, non seulement à nos futurs conscrits, mais encore à leurs instructeurs. M. Warembourg aurait plus de 50 élèves en état de manœuvrer, et il lui serait facile de trouver des instructeurs dans le voisinage : on en demanderait au besoin à l'autorité militaire. Il y a là, en un mot, un puissant intérêt devant lequel personne, ne saurait, je pense, rester indifférent. Votre Commission pourrait adresser, après sa visite, une demande en ce sens à M. l'Inspecteur d'Académie.

Je vous prierai, en terminant, de vous associer aux félicitations qu'en votre nom j'ai exprimées aux instituteurs et institutrices présents aux examens. Chacun, dans leur sphère et avec des éléments de succès divers, ils ont travaillé à l'œuvre commune.

Représentants scolaires du canton du Parcq, nous leur adressons ici tous nos remercîments, avec nos meilleurs encouragements pour leur travail futur, qui pré-

parera à notre canton de bons citoyens et de bons soldats, dignes de servir utilement leur pays.

Nos enfants justifieront toujours, j'en ai la conviction,
cette vieille devise de nos voisins les Picards qu'on nous
permettra, quoique Artésiens, de nous appliquer : *Isti
Picardi non sunt ad prælia tardi* [1],

A la Guerre point de retard !
Voilà le cri du Franc-Picard.

---

[1] Du Cange. — *Glossarium mediæ et infimæ latinitatis,* au mot *Pi-
cardia.*

UNE

VISITE ADMINISTRATIVE

A L'ILE D'OUESSANT (FINISTÈRE)

LE 6 AOUT 1879

Les habitants de l'île d'Ouessant, qui forme un canton du Finistère, se plaignaient de n'avoir pas, de temps immémorial, reçu la visite du premier magistrat du département ; aussi M. Gilbert Le Guay, préfet du Finistère, récemment nommé à Quimper, voulut-il donner à cette population si courageuse et si intéressante, un témoignage de sa sympathie, en organisant une excursion administrative dans l'île, où il se fit accompagner par un certain nombre de fonctionnaires.

Jamais non plus, disait-on, aucun haut fonctionnaire de l'Université n'avait honoré Ouessant d'une inspection ; aussi, M. le Préfet avait-il prié son très distingué collaborateur, M. l'Inspecteur d'Académie Loiret, de se joindre à lui dans cette mémorable circonstance.

Cette visite fit une excellente impression, non seulement à Ouessant, mais encore à Brest, et parmi toutes les populations maritimes du littoral, et M. Vallée qui accompagnait M. le préfet Le Guay, dont il était alors le chef de cabinet, adressa au directeur du journal *Le Finistère* le compte rendu de cette excursion. Ce récit, reproduit ci-après, avait paru dans le numéro de cette feuille portant la date du 16 août 1879.

Les habitants de l'île d'Ouessant, qui forme un canton du Finistère, se plaignaient de n'avoir pas, de temps immémorial, reçu la visite du premier magistrat du département ; aussi M. Gilbert Le Guay, préfet du Finistère, récemment nommé à Quimper, voulut-il donner à cette population si courageuse et si intéressante, un témoignage de sa sympathie, en organisant une excursion administrative dans l'île, où il se fit accompagner par un certain nombre de fonctionnaires.

Jamais non plus, disait-on, aucun haut fonctionnaire de l'Université n'avait honoré Ouessant d'une inspection ; aussi, M. le Préfet avait-il prié son très distingué collaborateur, M. l'Inspecteur d'Académie Loiret, de se joindre à lui dans cette mémorable circonstance.

Cette visite fit une excellente impression, non seulement à Ouessant, mais encore à Brest, et parmi toutes les populations maritimes du littoral, et M. Vallée qui accompagnait M. le préfet Le Guay, dont il était alors le chef de cabinet, adressa au directeur du journal *Le Finistère* le compte rendu de cette excursion. Ce récit, reproduit ci-après, avait paru dans le numéro de cette feuille portant la date du 16 août 1879.

Brest, le 6 août 1870.

Monsieur le Directeur,

Pour répondre à votre désir, je vous adresse un rapide compte rendu de notre excursion à l'île d'Ouessant (¹), effectuée aujourd'hui même, sur l'aviso à vapeur *le Souffleur*, commandé par M. le capitaine de frégate Le Baron, que je dois tout d'abord remercier, au nom de tous, pour son accueil sympathique et sa cordiale hospitalité.

Sur cet élégant et confortable bâtiment, mis gracieusement à sa disposition par M. l'amiral Bourgois, préfet maritime, prenait donc place, à 7 heures du matin, M. Gilbert Le Guay, préfet du Finistère, accompagné de MM. Loiret, inspecteur d'Académie ; de Montluc, sous-préfet de Brest ; Paitel, sous-préfet de Chateaulin ; Porcheron, conseiller de préfecture ; Bertrand Robidou, rédacteur en chef de l'*Avenir de Rennes*, etc.

La mer était houleuse, et les vagues très fortes que fendait la proue du navire inondaient parfois le pont de leur écume ; mais, malgré un roulis fort accentué, le

---

(¹) L'île d'Ouessant, *Ouest-Island* (île du Couchant), en breton *Enez heussa* (île de l'Épouvante), dans l'Océan Atlantique, à 43 kilomètres de Brest, dont elle est séparée par le canal de l'Iroise.

Souffleur continuait facilement sa route dans le Goulet, où il filait bientôt ses dix nœuds, vitesse très appréciable, puisque nos meilleurs vapeurs ne dépassent pas seize nœuds dans les meilleures conditions possibles.

En sortant du Goulet, et après avoir dépassé la pointe Saint-Mathieu (¹) et sa vieille abbaye, le coup d'œil était vraiment admirable. Cette mer sauvage et écumante, hérissée de rochers ou *cailloux*, à fleur d'eau, sur lesquels elle se brise en hautes colonnes blanchâtres, ces îles perdues à l'horizon et y découpant des profils bizarres, cette immensité de l'Océan, et cet éternel et morne mugissement des flots, tout nous rappelait les vers magnifiques de notre poète national, OCEANO NOX(²), et les sinistres, semés sur notre route, nous en apportaient hélas ! le lugubre commentaire !!

(¹) « Sur cette pointe sont les ruines romantiques de la vieille abbaye
« de Saint-Mathieu, bâtie au septième siècle ; sur *les débris* du clocher
« s'élève aujourd'hui un phare qui guide les navigateurs dans les pa-
« rages de l'Iroise et du Four. »

Voyage dans le Finistère, par le chevalier DE FRÉMINVILLE.

(²)   Oh ! Combien de marins, combien de capitaines,
Qui sont partis joyeux pour des plages lointaines,
Dans ce morne horizon se sont évanouis !
Combien ont disparu, dure et triste fortune,
Dans une mer sans fond, par une nuit sans lune,
Sous l'aveugle Océan à jamais enfouis !

Où sont-ils les marins sombrés dans les nuits noires ?
O flots ! que vous savez de lugubres histoires,
Flots profonds, redoutés des mères à genoux !
Vous vous les racontez en montant les marées,
Et c'est ce qui vous fait ces voix désespérées,
Que vous avez le soir, quand vous venez vers nous !

VICTOR HUGO. — Les Rayons et les Ombres.

A notre gauche nous apercevons, sur un rocher près
de l'île Molène (¹), un magnifique steamer échoué, et
conservant sur son lit de sable, où il gît désarmé, l'apparence de son ancienne puissance. C'est le *Cordova*,
bateau anglais de 1,290 tonneaux, naufragé le 30 juillet, et dont le *Souffleur* a conduit les passagers, tous
sains et saufs, à Brest, le 1ᵉʳ août. — Plus loin, près
d'Ouessant, sur la roche Pénarland, le vapeur belge
Louis-David, de 890 tonneaux, a sombré dans la nuit
du 3 août : vingt et un hommes ont disparu, huit seulement ont pu être sauvés par les habitants d'Ouessant,
coutumiers de ces héroïques dévouements. Nous apercevons, sortant de l'eau, les extrémités des deux mâts
où les naufragés se sont réfugiés en attendant du
secours, tandis que leurs compagnons, surpris pendant
leur sommeil, ne se réveillaient que dans une mort
horrible. Dans quelques jours, les flots auront emporté
ces dernières épaves, et rien n'indiquera plus qu'il y a
là un vaisseau englouti et des cadavres !

Les environs d'Ouessant sont fertiles en lugubres
souvenirs, et nous nous rappelons le vieux proverbe
breton : « *Qui voit Belle-Isle* (²), *voit son île; qui voit
Groix* (³), *voit sa joie; qui voit Ouessant, voit son sang.* »

N'ayant pu aborder l'île par la baie de Lampaul (la

(¹) L'île Molène, petite île de l'Océan, située entre l'île d'Ouessant et
le Conquet, petit port à l'entrée de la rade de Brest.

(²) Belle-Isle-en-Mer, chef-lieu de canton et île du Morbihan, à
46 kilomètres de Lorient, doit son nom à la douceur de son climat et à
la fertilité de son sol.

(³) Groix, île du Morbihan, à 30 kilomètres de Lorient. — En
breton : *Enez-er-Groach*. (Ile des Sorcières.)

mer de ce côté ne nous eût pas laissé un accès facile),
nous débarquons dans la baie du Stiff, où le *Souffleur*
trouve un paisible mouillage, au N.-E. de l'île. — Après
avoir traversé Ouessant dans toute sa largeur, nous
arrivons enfin à Lampaul, situé au sud-ouest, chef lieu
de la commune, où M. Stéphan, maire, accompagné de
son adjoint, présente à M. le Préfet le Conseil municipal, le juge de paix, le médecin, etc. Il se félicite de
la présence dans l'île des plus hautes autorités du
département, et fait remarquer que, pour la première
fois, Ouessant reçoit la visite officielle du représentant
du gouvernement dans le Finistère.

M. le Préfet dit que, depuis sa récente arrivée dans
le département, il désirait visiter l'île d'Ouessant, et
qu'il est profondément heureux d'avoir pu le faire et
touché de l'accueil qu'il y reçoit. Après avoir adressé
quelques paroles sympathiques au Conseil municipal, il
s'informe avec la plus vive sollicitude des besoins de
l'île, et des améliorations de tout genre qu'il serait
urgent d'apporter aux divers services, particulièrement
au point de vue des communications postales et autres.

La situation de l'île est, en effet, digne du plus grand
intérêt : la population s'élève à 2,300 habitants qui
vivent, pour la plupart, des produits de leurs pêches.
Cette année a été malheureusement infructueuse, et il
y a aujourd'hui de grandes misères à secourir. Tandis
que l'île de Sein (¹), que l'île Molène, sont exemptées, de

(¹) Ile de Sein ; dans l'Océan, vis-à-vis la pointe du Raz, près
de la côte du Finistère. — En breton : *Enez Sizun.* (Ile des Sept Som-
meils.)

toute imposition, l'île d'Ouessant doit à sa coûteuse prérogative de canton d'être assimilée au régime commun, alors qu'elle ne participe guère aux avantages du continent, — bien qu'astreinte aux mêmes obligations de service militaire et maritime.

M. le Préfet a enregistré les justes demandes de M. le Maire d'Ouessant, et l'on peut dire que ces populations, foncièrement honnêtes et laborieuses, ont puisé dans la visite de l'éminent administrateur, des espérances pour un avenir meilleur, et de précieux encouragements, qui leur donnent le droit de compter sur la sollicitude du gouvernement républicain.

Les écoles de l'île sont matériellement bien installées et comptent de nombreux élèves des deux sexes, qui, malheureusement, ne les fréquentent guère que pendant trois ou quatre ans. Elles sont dirigées par des Frères, et par des Religieuses.

Nous avons assisté à la visite des autorités, et nous avouons en être sorti attristé. Sans vouloir insister trop sur ce point délicat, nous avons vu qu'il y avait beaucoup à faire sous le rapport des méthodes, des ouvrages suivis, d'une sûre initiation aux principes féconds de l'instruction française et libérale. Certes, l'intelligence de ces enfants est assez vive pour que l'on puisse espérer les résultats les plus sérieux dans un avenir prochain. L'obstacle est encore dans la difficulté de substituer la langue française au vieux dialecte breton ; mais il suffira de plus d'initiative et d'une meilleure compréhension des nécessités de l'instruction primaire, pour qu'il y ait à Ouessant, comme ailleurs, do bonnes écoles et, par suite, plus de civilisation.

L'église d'Ouessant a été reconstruite complètement il y a quelques années sur les plans d'un architecte brestois très distingué, M. Tritschler; elle est surmontée d'un élégant campanile dont les trois cloches ont salué, par de joyeuses volées, l'arrivée de M. le Préfet.

En retournant ensuite vers le *Souffleur* et la baie du Stiff, nous considérions avec curiosité cette île placée à l'extrémité occidentale de la France, et dont les mœurs, les productions et les habitations mêmes, semblent un étrange anachronisme. Les chevaux et les moutons y sont de très petite taille et nous rappellent les races de la Laponie et du Groënland; on y élève du reste annuellement plus de 6,000 moutons. La terre n'y semble pas de qualité inférieure; elle atteint dans l'île des prix assez élevés, jusque 4,000 ou 5,000 fr. l'hectare. Détail singulier, il n'y a pas un seul arbre dans toute l'île; mais cette absence complète de végétation et de verdure n'empêche pas la terre de produire des céréales, des pommes de terre en assez grande abondance, etc. Les maisons, quoique bâties presque exclusivement en grès, sont assez sèches; l'île, du reste, qui a seize kilomètres de tour, s'élève beaucoup au-dessus du niveau de la mer. Elle est signalée au loin par deux phares de premier ordre, placés aux pointes nord et nord-est de l'île; elle possède également un sémaphore relié au chef-lieu par un fil télégraphique.

Les femmes d'Ouessant portent un costume très original d'étoffe noire; leur coiffure est plate et rappelle les coiffes italiennes, d'où les cheveux, sans lien ni tresses, s'échappent et pendent sur les épaules de toute leur longueur.

Quelle solitude, quel abandon, dans cette île, située à dix lieues du littoral, où les hivers sont terribles, et où les tempêtes règnent presque continuellement! Aussi, tous les Ouessantais sont-ils marins et pilotes, en naissant pour ainsi dire. Montés sur de frêles embarcations, ils vont bien loin chercher les navires qui ont besoin d'être guidés dans ces parages si dangereux ; et, lorsque un bâtiment est en perdition, ils bravent encore les flots pour sauver les naufragés.

Nous avons donc été très heureux de voir M. le Préfet rendre l'hommage qu'ils méritaient à ces braves et excellents insulaires, si déshérités de la nature et si dignes d'intérêt, qui l'ont prié d'être auprès du gouvernement l'interprète de leurs vœux et de leurs besoins, en même temps qu'ils l'assuraient de tout leur dévouement. Les Ouessantais ont aussi chargé M. le Préfet de témoigner à l'amiral Bourgois, leur préfet maritime, nommé conseiller d'État, les regrets que leur avait fait éprouver l'annonce de son prochain départ.

Le retour du *Souffleur* à Brest s'est effectué sans incident, par une mer admirable, que le soleil irrisait de ses rayons, et qui avait cette fois toute la gaîté et la poésie lumineuse qui lui manquaient à notre traversée du matin. Impossible de rendre l'aspect de ces îles baignées de lumière, et découpant leurs silhouettes éclairées sur un horizon de vagues écumantes et de flots bleus, et l'impression du continent grandissant dans un lointain brouillard, avec ses milliers de points brillants, ses phares, ses rochers, ses anfractuosités... — Devant ces spectacles grandioses de la nature, nul ne saurait rester insensible et se défendre d'un enthousiasme mêlé de respect.

A neuf heures du soir, après une traversée de 34 milles accomplie en trois heures, le *Souffleur* entrait en rade de Brest, au milieu d'une véritable illumination, qui joignait aux clartés de la lune ses feux de couleurs variées. — Lorsque, en effet, un navire de guerre entre dans un port, les navires qui s'y trouvent hissent en tête de leurs mâts, outre leurs fanaux habituels, ce que l'on appelle *les feux de position*, destinés à renseigner sur leur emplacement le bateau qui arrive. La flotte cuirassée, en ce moment en rade de Brest, avait obéi à ce règlement, ce qui produisait, dans l'obscurité de la nuit, le plus charmant effet. — Nous étions à Brest ; et en débarquant, nous félicitions M. le Préfet d'avoir encouragé et réconforté nos excellentes populations maritimes, par une visite dont le souvenir leur restera, et dont les conséquences ne seront pas sans influence sur la prospérité et l'avenir de l'Ile d'Ouessant.

DISCOURS

PRONONCÉ A LA DISTRIBUTION DES PRIX AUX ÉLÈVES

DU COLLÈGE DE TOUL

le 5 août 1890

La distribution des prix aux élèves du Collège de Toul a eu lieu le mardi 5 août 1890, à 10 heures du matin, dans la salle du Théâtre.

Sur l'estrade avaient pris place : M. le général Parison, commandant la brigade de Toul ; M. de Sahune, sous-préfet ; M. Rauch, principal ; plusieurs membres de la municipalité et du conseil municipal ; M. Benoit, président de chambre honoraire ; M. Nètre, receveur des finances ; M. le docteur Chapuis, conseiller général ; M. Maggiolo, recteur honoraire de l'Académie de Nancy ; M. le président et plusieurs membres du bureau de l'Association des anciens élèves des Collèges de Toul et de Phalsbourg ; M. le Directeur du journal l'*Écho Toulois* ; M. le colonel Bruneau, MM. les commandants Collignon, Coudrier, Tuillard, de Roffignac, et un grand nombre d'officiers de tous grades et de toutes armes.

Le discours d'usage, qui avait, pour sujet l'*Éloge de la jeunesse*, a été prononcé par M. Campaux, professeur de rhétorique.

M. Vallée, président, a ensuite adressé à l'assistance l'allocution qu'on va lire ci-contre, et dont le texte a été publié dans l'*Écho Toulois*, du 9 août 1890.

DISCOURS

« Mesdames, Messieurs,

« En prenant la parole, après l'éloquent discours que nous venons d'applaudir, j'éprouve un sentiment de crainte ; je n'ai, en effet, d'autre titre à votre bienveillante attention, qu'une constante et profonde affection pour cette Université de France, dont je suis fier d'avoir été l'élève.

« A cette crainte, se joint pourtant un vif sentiment de reconnaissance, et vous me permettrez d'en adresser la respectueuse expression à M. le Recteur de l'Académie de Nancy, pour l'honneur qu'il a bien voulu me faire, en m'appelant à la présidence de cette fête de la Jeunesse et de l'Intelligence, dans une ville où tant d'hommes éminents auraient pu, mieux que moi, décerner encore un public hommage à votre vieux et bien aimé collège.

« En me désignant, M. le Recteur a voulu que je vous apporte aujourd'hui, de Nancy, un témoignage de sa sympathie, et M. le Préfet de Meurthe-et-Moselle, en me proposant à son choix, a tenu également à donner au collège une marque de sa haute sollicitude (¹).

(¹) Qu'il soit permis à l'auteur d'associer, dans un même et public hommage de gratitude, aux noms de M. Mourin, recteur de l'Académie de Nancy et de M. Stéhelin, préfet de Meurthe-et-Moselle, celui de M. Mellier, inspecteur d'Académie à Nancy.

« Je suis heureux de payer en leur nom, et en votre
nom aussi, Mesdames, Messieurs, un juste tribut d'élo-
ges à M. le Principal, à MM. les Professeurs : —
les succès si nombreux, si éclatants, obtenus par le
collège de Toul dans les divers examens et concours de
l'année scolaire 1889-1890, sont dus à leur zèle éclairé,
à leur dévouement toujours en éveil, à leur labeur
patient et persévérant. — Bien qu'ils n'aient pas besoin
d'être encouragés dans leur tâche, qu'ils reçoivent pourtant ici nos solennels remerciements et le témoignage
de la profonde estime, que nous avons tous au cœur,
pour ceux à qui nous confions des enfants, et qui nous
rendent des citoyens et des soldats.

« Mes jeunes amis,

« Je me reprocherais de vous faire attendre longtemps l'heureux moment, où vous recevrez ces récompenses, pour lesquelles vous avez si courageusement
travaillé pendant toute l'année, et je ne retarderai guère
le *Nihil vos moramur* (¹) par lequel les Romains avaient
coutume de clore les séances que, parfois déjà, dans
ces temps lointains, le public trouvait trop prolongées.

« Et cependant, j'éprouve tant de plaisir à me trouver au milieu de vous, à me revoir encore, par la pensée, sur ces bancs du collège, que l'on affecte de rail-
ler plus tard, mais que l'on regrette toujours, que je
vous demande de prolonger encore quelques instants

(¹) « Marc Aurèle, quand il était à Rome, ne manquait jamais
« une séance du Sénat, et ne quittait sa place que quand le Consul
« avait prononcé la formule : *Nihil vos moramur, Patres conscripti.* »
ERNEST RENAN. — *Marc-Aurèle.*

notre entretien, de même que, lorsque nous devons nous séparer d'un ami, pour une longue absence, nous hésitons avant de lui faire nos adieux.

« C'est que nous nous trouvons si bien au milieu de vous, mes chers amis ! C'est que vous avez tant de bonnes, tant de loyales qualités, qui nous attirent et nous séduisent ! Cela nous rajeunit et nous rend meilleurs, que de nous sentir en contact avec votre franche, gaie et enthousiaste adolescence dont, tout à l'heure, M. le professeur Campaux nous a tracé un si charmant et si exact portrait !

« Et puis, votre jeunesse a tant d'entrain, de générosité, de désintéressement ! Je vous parlais à l'instant des récompenses que vous allez recevoir des mains de vos excellents maîtres, et je n'entendais pas seulement par là, ces livres, ces couronnes, qui vous attendent ; mais, je voulais dire ces récompenses supérieures que l'on trouve dans le travail, dans la haute satisfaction du devoir accompli ; eh bien ! c'est pour ces récompenses, toutes morales, point du tout positives, sans aucune valeur pratique, que vous étudiez, que vous apprenez chaque jour la dure, mais saine loi du labeur, de l'effort, de la persévérance ! C'est pour ces prix, essentiellement et uniquement décernés par la conscience, que vous luttez, que vous avez les élans vigoureux et poétiques à la fois de la Jeunesse !

« Voilà, certes, un spectacle digne de charmer nos regards, chers élèves, et, dussé-je offenser votre modestie, c'est vous qui nous l'offrez, au cours de votre réconfortante vie de collège.

« Plus tard, lorsque vous aurez franchi ces portes paisibles, vous trouverez de nouvelles récompenses à mériter, mais elles seront plus positives, plus utilitaires. L'intérêt, le lucre, l'ambition, vous solliciteront tour à tour ; ce ne seront plus des livres et des couronnes que vous montreront les visions de votre cerveau, mais, suivant une formule dont on abuse un peu, vous aurez à affronter la *Lutte pour la vie* (¹), et certains vous diront que, dans cette lutte, toutes les armes sont bonnes et que le succès y justifie tout.

« Ne vous laissez pas abuser par de tels conseils, mes jeunes amis ; rappelez-vous toujours, lorsque vous serez aux prises avec les difficultés de l'existence, le temps où, au collège, vous combattiez pour cette gloire morale de la science, de l'étude, de la pensée, pour cette pure conquête des idées ; où vous ne viviez que pour un but généreux, noble et désintéressé, où enfin, dans vos rêves d'avenir, ne passaient que les grandes figures de la Patrie et de la Liberté !

« La Patrie ! à aucun moment de votre vie, sa chère image ne doit s'obscurcir dans vos cœurs ; aujourd'hui, tous, nous sommes soldats, et tous, prêts au sacrifice pour notre bon et bien-aimé pays de France. — La République vous a donné à tous une instruction complète et étendue, qui vous rend capables de la servir plus tard dans les différentes carrières ; mais quelle que soit celle où vous entrerez, souvenez-vous, mes chers amis, que vous êtes d'abord et avant tout, des

---

(¹) *Struggle for Life.*

soldats, et que vous devez être propres à remplir les devoirs, à supporter les fatigues, à braver les dangers, qui sont le glorieux apanage, et qui constituent les prérogatives d'honneur de notre armée nationale.

« Les exercices gymnastiques et militaires ont assoupli et fortifié votre corps ; mais la force physique ne peut rien sans la force morale, cette *Virtus* des anciens, qui seule fait les soldats, comme seule aussi elle fait les citoyens, *Tot cives, tot milites* (¹).

« C'est cette Vertu qui inspira jadis l'un de ceux qui vous ont précédés sur les bancs de ce collège, le maréchal Oudinot (²), qui dut à sa valeur, à son désintéressement, d'être surnommé le Bayard moderne; c'est elle qui entraînait à la frontière vos illustres concitoyens, les Gengoult (³), les Valory (⁴), les Gouvion Saint-

----

(¹) Antique devise de la ville de Saint-Quentin, qui s'illustra, comme Toul, en 1870, par une héroïque défense ; devise, qui doit être aujourd'hui celle de tous les Français.

(²) Le maréchal Oudinot, duc de Reggio, né à Bar-le-Duc, le 25 avril 1767, mort à Paris, le 13 septembre 1847. Son enfance se passa à Bar et au Collège de Toul ; dans le cours de ses études, il donna des preuves d'une grande aptitude.

L'un des condisciples d'Oudinot au collège de Toul acquit aussi une juste célébrité militaire; le général baron Buquet, l'aîné, né à Charmes-sur-Moselle, le 5 mai 1768, mort près de Nancy en avril 1835.

J. NOLLET-FABERT. — *La Lorraine militaire.*

(³) Le général baron Gengoult, né à Toul, le 22 décembre 1767, mort dans la même ville le 13 juin 1846.

(⁴) Le général de Valory, né à Toul, le 2 mars 1757, mort dans cette ville, en 1810.

Cyr (¹), et d'ailleurs, cette Vertu, où serait-elle plus commune, plus habituelle aux jeunes gens, que dans l'antique et brave cité qui, par son héroïsme au jour du malheur, s'est montrée digne de ses fils les plus intrépides, et, pour tout dire d'un mot, a bien mérité de la Patrie ? (²) »

(¹) Le maréchal marquis de Gouvion Saint-Cyr, né à Toul, le 13 avril 1764, mort le 17 mars 1830.

Ajoutons à ces noms glorieux, celui du général de Bicquilley, né à Toul, le 6 novembre 1771, mort à Villafranca, le 27 janvier 1800.

(²) *La Ville de Toul a bien mérité de la Patrie*. — Décret du Gouvernement de la Défense nationale du 12 septembre 1870.

DISCOURS

PRONONCÉ A LA DISTRIBUTION DES PRIX AUX ÉLÈVES

DU

COLLÈGE DE PONT-A-MOUSSON

le 31 juillet 1891.

Le vendredi 31 juillet 1891, à 10 heures 1/2 du matin, dans la grande salle des Actes du Collège de Pont-à-Mousson, a eu lieu la distribution solennelle des prix aux élèves de cet établissement.

Sur l'estrade avaient pris place : M. Bonnotte, maire ; MM. les adjoints Magot et Vallois, et un grand nombre de conseillers municipaux ; M. Guyot, principal du collège ; M. l'abbé Mathieu, docteur ès-lettres, curé-doyen de Saint-Martin ; M. l'abbé Huraux, curé de Saint-Laurent ; M. le docteur Mangenot, président de l'Association des anciens élèves du collège ; M. Ferry, juge de paix ; M. Sylvain Schwed, directeur du journal le *Patriote Mussipontain* ; M. l'abbé Xavier Mundweiller ; MM. les Membres du Conseil d'administration ; M. le docteur Pierron, médecin du collège ; MM. les Professeurs et plusieurs fonctionnaires.

Après le discours d'usage, lu par M. Coudret, professeur de seconde, qui avait pris pour sujet : *La Patience*, M. Vallée, président, a prononcé l'allocution, qui figure dans les pages suivantes, et que le *Patriote Mussipontain* a publiée le 1er août 1891.

DISCOURS

« Mesdames, Messieurs,

« Après le discours élégant et suggestif à la fois que nous venons d'applaudir, je ne me dissimule pas la difficulté de ma tâche, et je craindrais vraiment de mettre à l'épreuve cette belle vertu de patience dont on vient de vous faire l'éloge, si je ne connaissais déjà votre bienveillance, sur laquelle vous me permettrez de compter.

« Ainsi que M. le professeur Coudret l'a rappelé, en des termes dont je lui sais un gré infini, je ne suis pas, en effet, un étranger pour la plupart d'entre vous, et je tiens à exprimer ici ma profonde reconnaissance envers M. le Recteur et M. le Préfet, qui m'ont donné l'occasion de remercier publiquement les habitants de Pont-à-Mousson pour la sympathie qu'ils m'ont témoignée pendant les quelques semaines que j'ai eu l'honneur de passer au milieu d'eux (¹).

« Je n'aurai garde de ne point également exprimer toute ma gratitude envers le premier magistrat de votre ville, M. Bonnette. Il n'a pas voulu siéger aujourd'hui à cette place, qui lui revenait de droit, et il m'a honoré,

---

(¹) Par décret de M. le Président de la République, en date du 10 avril 1891, M. Vallée, conseiller de préfecture, était nommé président de la Délégation municipale chargée d'administrer la ville de Pont-à-Mousson, à la suite de la dissolution du Conseil municipal, et ses fonctions prenaient fin le 10 mai suivant, date de l'installation d'un nouveau Conseil.

une fois de plus, en insistant pour que je l'occupe ; je
l'en remercie cordialement.

« Vous me permettrez aussi, Mesdames, Messieurs,
d'être votre interprète, en félicitant M. le Principal,
MM. les Professeurs et MM. les membres du Conseil
d'administration, pour les succès si remarquables obtenus par le collège au cours de ces dernières années
scolaires. En 1890, dix-huit élèves reçus au baccalauréat,
douze en 1889 et onze en 1888 ; ces résultats magnifiques sont dus au dévouement, au travail persévérant
des maîtres distingués qui m'entourent, et ils répondent
pleinement aux sacrifices que rappelait tout à l'heure
M. Coudret, sacrifices qu'avec une libéralité tradition-
nelle à Pont-à-Mousson (¹), la municipalité ne cesse de
s'imposer pour assurer la prospérité d'une institution
plusieurs fois séculaire.

« Vous avez, en effet, mes jeunes amis, le bonheur
de vivre, de travailler et de vous préparer à devenir
des hommes utiles, dans une ville qui, depuis les temps
les plus éloignés, a constamment été l'asile de la
Science, et qui, grâce aux dons si libéraux de la Nature,
rassemble toutes les conditions d'hygiène, de salubrité
et d'agrément, qui contribuent à réaliser le meilleur

(¹) Dès 1703, la municipalité mussipontaine avait introduit dans les
Écoles communales la gratuité absolue de l'Enseignement ; en 1704,
malgré les difficultés du temps, aggravées encore par une disette
affreuse, le conseil municipal, voulant encourager les enfants des
Écoles primaires, décidait qu'une Distribution de couronnes et de
livres leur serait faite.

M. Ohy. — *Causeries sur Pont-à-Mousson.*

programme d'éducation ; *Mens sana in corpore sano,*
une âme saine dans un corps vigoureux (¹).

« C'est la réunion de tous ces avantages qui décida,
en 1572, date bien connue de vous tous, la fondation
de l'Université de Pont-à-Mousson, et, comment les
étudiants, à la suite des maîtres les plus célèbres,
n'auraient-ils pas afflué dans ce beau pays lorrain, sur
les bords verdoyants de ce fleuve chanté par le poète,
dans des vers qu'il n'est pas permis d'ignorer aux rive-
rains de notre Moselle, aujourd'hui doublement chère,
par le regret et par l'espérance :

> « Salve, Magne parens frugumque virumque Mosella ;
> « Te clari proceres, te bello exercita pubes,
> « Æmula te Latiæ decorat facundia linguæ.

« Salut, illustre mère des moissons et des hommes,
« ô Moselle ! Une noblesse célèbre, une jeunesse exer-
« cée à la guerre, une éloquence rivale de celle des
« orateurs latins, voilà tes titres de gloire (²). »

« C'était, en effet, une attraction puissante qui ame-
nait dans votre ville, des jeunes gens originaires de
toutes les provinces de la France, de même que de tous
les pays de l'Europe, et parmi eux, nous pouvons saluer
comme de vieux amis, avec un écrivain du XVIIᵉ siè-

(¹) *Locus ipse oppidi et circumjacens regio, si commoditatem spectes
rerum ad vitam pertinentium et aeris salubritatem, paucis, si porro amœnita-
tem, nulli certe Academiarum cedit, quas ego, vel in Gallia, vel in Italia, vel
in Flandria et Germania vidi.* (Lettre inédite du R. P. Edmond Hay,
premier recteur de l'Université de Pont-à-Mousson, datée du 12 décembre
1574. — Publiée par M. Maggiolo, recteur de l'Académie de Nancy.)

(²) *La Moselle* d'Ausone. — Édition critique et traduction française, par M. H. de la Ville de Mirmont, 1889.

cle, ces élèves arrivant des extrêmes confins de la Russie : *Ex praecipuis Europæ nationibus et ab extremâ Russia confluentes* (¹).

« Ce n'est pas d'aujourd'hui, vous le voyez, mes jeunes amis, que nous est acquise la sympathie des habitants de la vieille Moscovie, si lointains par la distance, si rapprochés par la communauté des sentiments.

« Pendant de longues années, à l'endroit même où nous sommes, se pressait un immense concours d'étrangers, avides de savoir et de travail ; ici, l'on enseignait les belles-lettres, le droit, les arts, la médecine, et, je ne pourrais vous énumérer, sans vous lasser, les professeurs illustres qui siégèrent successivement dans les chaires de cette Université, qui mérita, à Pont-à-Mousson, le titre, rarement mieux justifié, de nouvelle Athènes, *Mousonium spretis Academia migrat Athenis* (²).

« Plus tard, le temps ayant marché et le particularisme provincial faisant place à l'idée plus large de la Nation, votre Université qui était le plus beau fleuron et l'ornement de la couronne ducale de Lorraine, devait suivre le sort du Duché et disparaître comme lui dans

----

(¹) *Histoire de l'Université de Pont-à-Mousson*, par le P. ABRAM, *de son institution à l'année 1630.*

(²) C'est une imitation, par THÉVENIN, du vers de CLAUDIEN :

 In Latium spretis Academia migrat Athenis.

Qu'il transforma ainsi :

 Mousonium spretis Academia migrat Achivis.

L'Hymne de la Philosophie, de P. de RONSARD, commentée, par PANTALÉON THÉVENIN, de Commercy, en Lorraine. — Dédicace. — Paris, 1582.

le sein de la grande patrie française (¹), mais non sans laisser après elle, pour la remplacer, l'École royale militaire de Pont-à-Mousson, dont les services et l'utilité ne doivent pas se mesurer à la brièveté de sa durée.

« Pendant dix-sept années, de 1776 à 1793, sur ces mêmes bancs où vous êtes, de jeunes garçons vinrent s'asseoir, qui devinrent plus tard des hommes éminents, dont je ne saurais trop vous recommander d'imiter les vertus et le dévouement.

« C'est d'abord l'amiral de Rigny, l'un des plus renommés parmi les marins fameux dont la France s'honore à juste titre (²); c'est le général Fabvier, le libérateur de la Grèce (³), que votre ville est fière d'avoir vu naître, ce héros chevaleresque, intrépide et désintéressé (⁴), le digne émule de son compatriote et contemporain nancéien, le général Drouot (⁵).

« Ici, le comte de Serre (⁶) prépara les examens qui le firent admettre au corps royal de l'artillerie, et il est permis de penser que l'éducation toute militaire qu'il

---

(¹) L'Université de Pont-à-Mousson fut transférée à Nancy, par lettres patentes du roi Louis XV, datées de Complègne, le 3 août 1768.

(²) L'amiral comte de Rigny, né à Toul, en 1782, mort à Paris, en 1835.

(³) Le général baron Fabvier, né à Pont-à-Mousson, le 10 décembre 1782, mort à Paris, le 15 septembre 1855.

(⁴) M. Dembour, doyen de la Faculté des lettres de Nancy. — *Étude sur le général Fabvier.*

(⁵) Le général comte Drouot, né à Nancy, le 11 janvier 1774, mort dans la même ville, le 24 mars 1847.

(⁶) Le Comte de Serre, né à Pagny-sur-Moselle, le 12 mars 1776, mort à Naples, le 11 juillet 1824.

reçut à l'École ne fut pas sans influence sur le caractère si élevé, si droit, du puissant orateur, l'une des gloires de la tribune française, qui, tout jeune, écrivait à sa mère, avec une force d'expression qu'il faut retenir : « Quand il dépend de moi d'agir, mon parti est bientôt « pris ([1]). »

« Le grand maréchal Duroc ([2]), dont on peut lire aujourd'hui encore, gravé au couteau sur la pierre d'une des portes de votre collège, le nom illustre ([3]), passa également ses plus jeunes années à l'École militaire : tous vous connaissez sa mort glorieuse au champ d'honneur, et le général Fabvier, qui se connaissait en hommes, a pu dire de lui, en prononçant son oraison funèbre, qu'il fut vaillant, dévoué, désintéressé et modeste ([4]).

« Et Lasalle ([5]), le plus intrépide général d'avant-garde de la Grande-Armée, le plus audacieux des cavaliers de la magnifique épopée militaire qui va de 1792 à 1815, c'est à cette École qu'il puisa les premiers principes de son instruction virile, énergique et patiente ; c'est ici qu'il apprit à devenir un homme et un soldat, le plus

---

([1]) M. Mézières, de l'Académie française. — Discours prononcé à l'inauguration du buste du Comte de Serre à Pagny, le 24 octobre 1886.

([2]) Le grand-maréchal Duroc, duc de Frioul, né à Pont-à-Mousson, le 25 octobre 1772, tué à la bataille de Wurtzen, le 22 mai 1813.

([3]) « Sur la porte du réfectoire actuel du Collège, ce nom est gravé au couteau : DVROC. »

M. Ory. — *Causeries sur Pont-à-Mousson.*

([4]) Discours prononcé aux Invalides, le 5 mai 1847.

([5]) Le général Antoine-Charles-Louis, comte de Lasalle, né à Metz, le 10 mai 1775, tué à la bataille de Wagram, le 6 juillet 1809.

chevaleresque dans la lutte comme le plus ardent dans la conception et l'exécution des mouvements, l'homme, en un mot, qui prenait des places fortes avec un régiment de cavalerie, et auquel la reconnaissance nationale doit une statue dans cette Lorraine où il était né.

« Je me reprocherais d'oublier parmi vos *Grands anciens*, les deux généraux Fririon (¹), dont le nom estimé et honoré brille d'un pur éclat au milieu de nos célébrités militaires lorraines (²).

« Tels étaient, mes jeunes amis, les élèves de cette École militaire de Pont-à-Mousson, dont vous êtes les successeurs immédiats.

« La suppression de l'École ayant été en effet décidée le 9 septembre 1793, les habitants de Pont-à-Mousson, privés d'une institution qui, sous des formes diverses, avait fait leur orgueil pendant plusieurs siècles, ouvrirent une souscription pour essayer de rétablir leur Collège (³), donnant ainsi le plus noble exemple, et

---

(¹) Le général Fririon (François-Nicolas), né à Vandières, le 7 février 1766, mort le 25 septembre 1840.

Le général Fririon (Joseph-François), né à Pont-à-Mousson, le 12 septembre 1771, mort en 1849.

(²) Jules Nollet-Fabert (*La Lorraine militaire*).

(³) M. J. Favier. — M. J. Favier, conservateur de la Bibliothèque de Nancy, a publié des travaux historiques de premier ordre sur Pont-à-Mousson. Voir notamment :

Mœurs et usage des Étudiants de l'Université de Pont-à-Mousson, Nancy, 1878;

Nouvelle Étude sur l'Université de Pont-à-Mousson. — *Comment on y devenait maître ès-arts*, Nancy, 1880 ;

Quelques mots sur l'École royale militaire de Pont-à-Mousson, Nancy, 1881;

L'éducation d'un jeune Cardinal de Lorraine, à Pont-à-Mousson, Nancy, 1888.

4

poursuivant dignement les traditions de leur glorieux passé. Et c'est ce Collège provisoire, fondé grâce aux efforts persévérants d'une population intelligente et éclairée, qui s'est perpétué si brillamment jusqu'à nos jours et dont vous avez le grand honneur d'être les élèves.

« Poursuivez, mes chers amis, le cours de vos paisibles et laborieuses études; les émules illustres, que je viens de vous engager à imiter, doivent vous servir d'exemples, et vous trouverez dans leurs existences, toutes entières consacrées au service de notre pays, des encouragements et des conseils précieux : méditez cette devise de l'un des fondateurs de cette Université, que vous pouvez encore lire sur l'un des murs du Collège : *Et adhuc durat spes avorum* ([1]).

« C'est à vous, maintenant, mes chers amis, à vous, les petits-fils de ces ancêtres d'une si sage et si haute prévoyance, qu'il appartient de réaliser les vœux et les espérances qu'ils vous ont légués; attachez-vous donc à vous montrer toujours dignes de vos aïeux, en imitant vos prédécesseurs de l'École militaire.

« Comme eux, vous devez votre affection à ce collège qui abrite votre jeunesse, où s'est épanouie votre intelligence ; vous devez chérir cette cité mussipontaine, si dévouée à tous les progrès, si ouverte de tout temps à toutes les nobles et justes aspirations, mais,

---

([1]) Devise du duc de Lorraine, Charles III, surnommé le Grand, l'un des fondateurs de l'Université de Pont-à-Mousson. Il régna de 1545 à 1608.

M. Ony. — *Causeries sur Pont-à-Mousson.*

vous devez surtout donner votre amour le plus passionné, le plus exclusif, à la France, à la République, qui personnifient pour vous les grandes idées de Liberté, de Patriotisme, de Fraternité, que vous avez puisées dans l'étude de l'histoire et dans le contact quotidien avec les génies de l'antiquité et des temps modernes.

« Puisez dans leur fréquentation la force, l'énergie et l'élévation de votre caractère ; rappelez-vous qu'à Metz, au milieu des angoisses inoubliables du Siège, la lecture des vers de Corneille reposait et rafraîchissait les défenseurs, raffermissait leur cœur et leur inspirait des résolutions, hélas inutilisées ([1]) !

« Aujourd'hui collégiens, demain citoyens et soldats, vous vous soumettrez avec entrain aux impérieuses obligations qui vous incomberont, quelque pénibles et périlleuses qu'elles soient, et vous n'oublierez jamais qu'à Pont-à-Mousson, plus encore que partout ailleurs, si c'est possible, nous attendons de vous un dévouement absolu, une dévotion à toute épreuve au culte sacré de la Patrie française.

([1]) *Journal d'un officier de l'Armée du Rhin*, par le général Fay, pages 188-189 ; Nancy, Berger-Levrault, 1889, in-8°.

TABLE DES MATIÈRES

NANCY. — Imprimerie Nancéienne. — Directeur : SYLVIN.

www.ingramcontent.com/pod-product-compliance
Ingram Content Group UK Ltd.
Pitfield, Milton Keynes, MK11 3LW, UK
UKHW021704130726
13696UKWH00004B/1640